SUGAR SKULLS

Thaneeya McArdle

TRINITY
KREATIV

Aus Freude am Malen

Wenn Sie bisher dachten, dass Ausmalen langweilig ist, werden Sie gleich das Gegenteil erfahren! Denn Kolorieren ist nicht nur unglaublich entspannend, es bietet auch Raum für viel Kreativität. Verleihen Sie meinen Vorlagen einfach Ihre ganz persönliche Note. Gestalten Sie jedes Design um, indem Sie beliebig zusätzliche Details und Farben ergänzen.

Sie können beispielsweise die unten dargestellte Sonne vielfach verändern und verschönern, ganz wie Sie mögen. Je nachdem, welche Muster und Techniken man einsetzt und mit welchem Farbschema man arbeitet, sieht sie völlig anders aus.

Zeichnen Sie ein Gesicht in die Sonne.

Fügen Sie abstrakte Muster hinzu.

Kolorieren Sie mit Buntstiften und ergänzen Sie Schattierungen.

Kolorieren Sie mit Buntstiften, Filzstiften und Gelstiften. Setzen Sie funkelnde Akzente mit Glitzer-Gelstiften.

Kolorieren Sie mit Filzstiften und setzen Sie mit weißem Gelstift Akzente.

TIPP

Wenn Sie noch ein wenig unsicher sind, zeichnen Sie die Muster zunächst mit Bleistift und malen Sie die Konturen erst dann schwarz oder farbig nach. Natürlich können Sie auch gleich mit schwarzem Stift zeichnen und hinterher kolorieren. Oder von Beginn an alles farbig zeichnen. Experimentieren Sie einfach nach Lust und Laune mit allen drei Methoden, dann werden Sie herausfinden, was für Sie am besten funktioniert!

Gestaltungsmöglichkeiten

Ein Muster entsteht aus sich wiederholenden Formen und Linien. Es kann einfach, aber auch sehr komplex sein, ganz nach Ihren Vorlieben und abhängig davon, wie viel Platz Sie zum Ausfüllen haben. Keine Angst – auch sehr komplizierte Muster beginnen ganz schlicht mit einer Linie oder einer Kontur.

Fließende Formen

Hier sehen Sie einige Formen, aus denen sich ganz einfach Muster entwerfen lassen.

Bevor Sie nun aus diesen Formen Muster kreieren, verschönern Sie sie noch ein bisschen, indem Sie sie umranden, die Linie doppelt oder mehrfach nachziehen, damit sie dicker wird, und innen und/oder außen weitere Formen hinzufügen.

Damit diese reich verzierten Formen ein Muster ergeben, müssen sie nur, wie unten gezeigt, mehrfach wiederholt werden. Sie können dabei auch noch weitere kleine Formen innerhalb der einzelnen Musterkomponenten integrieren.

Diese Muster nennt man »fließende« Muster, weil sie sich nicht an einer vorgegebenen Linie orientieren (anders als die im nächsten Beispiel). Fließende Muster lassen sich gut als Raumfüller in Bilder integrieren und können groß oder klein, kurz oder lang sein.

TIPP

Wenn Sie bereits mit Filzstiften oder Gelstiften kolorierte Seiten noch mit weiteren Formen oder Mustern versehen möchten, achten Sie darauf, dass die Farben vollständig trocken sind, bevor Sie sie übermalen, damit nichts verwischt.

Liniengebundene Formen

Beginnen Sie mit einer Linie und zeichnen Sie darauf (oder auch darunter!) sich wiederholende Formen, der Linienführung folgend. Dann können Sie die Formen wieder durch Umrandung, Verdickung oder Ergänzung weiterer Formen – inner- und außerhalb der Formen – verschönern. Sehen Sie sich einfach das nächste Beispiel an.

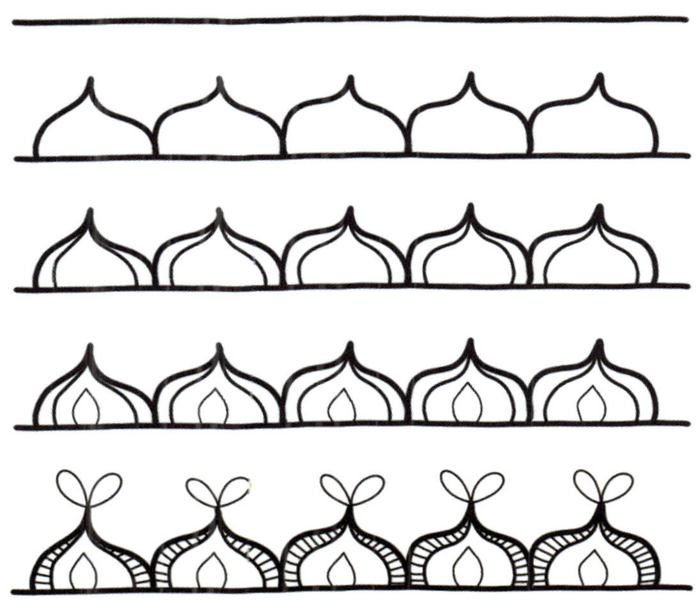

Formen lassen sich auch sehr leicht zwischen zwei Linien einfügen, wie hier gezeigt:

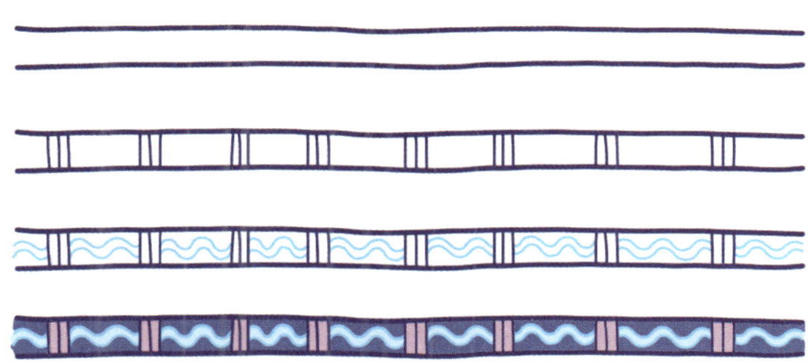

Verzierungslinien

Muster lassen sich auch gut aus einfachen, aber dekorativen Verzierungslinien entwickeln. Sie können beispielsweise spiral- oder wellenförmige Linien entwerfen und diese dann mit weiteren Details verzieren. Hier sehen Sie einige Beispielformen für Verzierungslinien.

Als Nächstes können Sie diese Linien durch Umrandungen und Verdickung oder durch ein- oder mehrfaches Übermalen verschönern. Sie können auch zusätzliche Formen in den Musterverlauf integrieren.

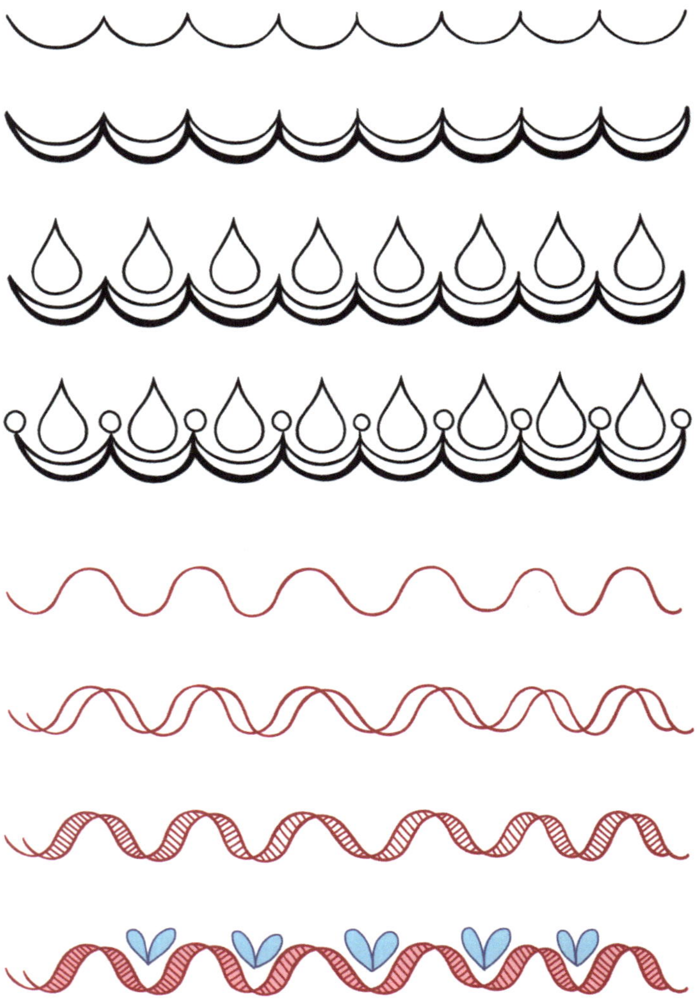

Muster durch Farbwiederholung

Muster entstehen auch, wenn man bestimmte Farbkonstellationen mehrfach wiederholt. Wenn Sie die Farben der Formen innerhalb eines Musters variieren, wird dadurch ein effektvolles Muster erzeugt.

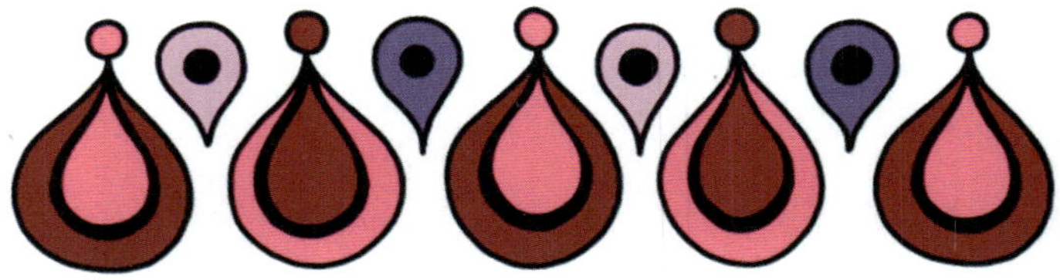

TIPP

Muster müssen sich keineswegs immer an einer geraden Linie orientieren. Die Linie kann in Kurven verlaufen, im Zickzack, spiralförmig oder beliebig die Richtung wechseln. Ganz wie Sie möchten. Sie können Muster an einer Kurvenlinie entstehen lassen, wobei die Formen dem Linienfluss folgen. Derartige Muster sehen toll aus, wenn sie am inneren oder äußeren Rand einer Zeichnung ergänzt werden, wie zum Beispiel an der Innenseite eines Blütenkelches oder Schmetterlingsflügels.

Farbtechniken und Materialien

Ich koloriere am liebsten mit verschiedenen Materialien. Immer wenn ich etwas Neues versuche, trage ich zunächst alles auf Schmierpapier über- und nebeneinander auf, um herauszufinden, was geht und was nicht. Am besten notieren Sie in einem Skizzenbuch, was Sie ausprobiert haben: Techniken, Farben, Materialien und Hersteller – alle Hinweise können hilfreich für weitere Projekte sein.

Filzstifte & Buntstifte

Bereiche, die mit einem Filzstift koloriert wurden, kann man optisch »weicher« gestalten, indem man sie mit Buntstiften übermalt. Beginnen Sie sanft, dann wenden Sie gegebenenfalls mehr Druck an.

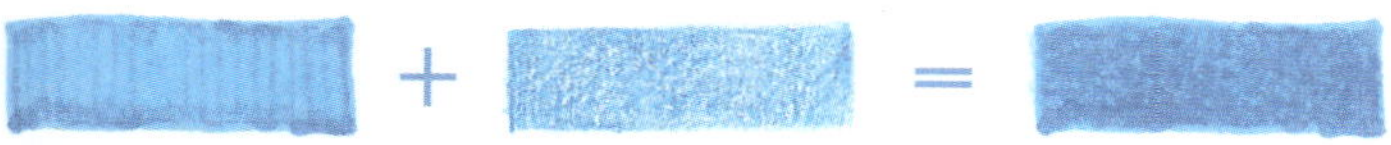

Filzstift + *Buntstift* = *weicheres Erscheinungsbild*

Probieren Sie zunächst auf Schmierpapier aus, ob die ausgewählten Farben zusammen so aussehen, wie Sie es sich vorgestellt haben. Natürlich müssen die Farben nicht unbedingt zusammenpassen, denn schließlich sind Sie völlig frei in der Gestaltung. In der nachstehenden Abbildung können Sie sehen, dass ein »kühlender« Effekt auftritt, wenn Sie einen mit Filzstift kolorierten Untergrund mit einer anderen Farbe übermalen.

Filzstift (waagerechte Linie), mit Buntstiften übermalt (senkrechte Linien).

Lilafarbener Filzstift, mit weißem und hellblauem Buntstift übermalt. Gelber Filzstift, mit orangefarbenem und rotem Buntstift übermalt.

Filzstifte & Gelstifte

Filzstifte und Gelstifte sind bei mir meist gleichzeitig im Einsatz, denn mit Filzstiften kann man schnell große Flächen füllen, während Gelstifte mit feinen Spitzen hervorragend geeignet sind, um attraktive Details zu ergänzen. Weiße Gelstifte sind optimal zum Übermalen sehr dunkler Farben, während man mit Glitzer-Gelstiften ganz tolle, funkelnde Effekte erzielt.

Schattieren

Schattierungen eignen sich großartig dafür, einer Zeichnung Tiefe und das gewisse Etwas zu verleihen. Schon das versetzte Übereinandermalen verschiedener Farben oder Farbtöne kann eine Schattierung geschickt andeuten. Auch durch Verwendung unterschiedlicher Materialien lassen sich Schattierungen erzeugen.

Mit Filzstiften koloriert; schattiert durch Bearbeitung mit Buntstiften an den inneren Ecken der Blütenblätter, um den dreidimensionalen Eindruck der Blattschichten zu erzeugen.

Mit Buntstiften koloriert und schattiert.

Mit schwarzer Farbe aufgetragene Linien und Punkte bewirken die Schattierung, dann wird mit Filzstiften koloriert.

Kleine Farbenlehre

Hier sehen Sie einen raffinierten Farbkreis. Alle Farben sind mit einem der Buchstaben P (Primär), S (Sekundär) oder T (Tertiär) versehen. Die **Primärfarben** sind Rot, Gelb und Blau, sie können nicht aus anderen Farben gemischt werden. **Sekundärfarben** entstehen durch die Mischung zweier Primärfarben im Verhältnis 1:1. Das Ergebnis: Orange, Grün und Violett. **Tertiärfarben** entstehen aus der Mischung einer Primärfarbe mit einer Sekundärfarbe. Beispiele sind Grüngelb, Rotviolett oder Blaugrün.
Schaut man entlang der sechs großen Blütenblätter in dem Farbkreis zur Mitte hin, sieht man drei Reihen hellerer Töne der jeweiligen Farbe. Das sind Mischungen der Farben mit Weiß. Die folgenden drei Reihen zur Mitte hin sind dunklere Töne der jeweiligen Farben, also Mischungen der Farben mit Schwarz.
Die Farben in der oberen Hälfte des Farbkreises (Rot, Orange, Gelb) werden als **warme** Farben bezeichnet, die in der unteren Hälfte (Grün, Blau, Violett) als **kalte** Farben. Einander im Farbkreis gegenüberliegende Farben nennt man **Komplementärfarben**, nebeneinanderliegende Farben sind die sogenannten **analogen Farben**.

Bei den Schmetterlingen unten fällt gleich ins Auge, wie jede Farbkombination den Gesamteindruck verändert. Auch die weiteren kolorierten Seiten in diesem Buch sollen Ihnen als Inspiration dienen. Die Farbtropfen unterhalb der Bilder zeigen an, welche Farben für die Zeichnungen verwendet wurden.

Warme Farben

Kalte Farben

Warme Farben mit kalten Akzenten

Kalte Farben mit warmen Akzenten

Mischungen aus roter Farbe mit Weiß und Schwarz

Mischungen aus blauer Farbe mit Weiß und Schwarz

Analoge Farben

Komplementärfarben

Analoge und Komplementärfarben

Buntstifte, Filzstifte, Gelstifte

Buntstifte

Buntstifte, Filzstifte

Filzstifte

Buntstifte, Filzstifte, Gelstifte

Filzstifte, Gelstifte

Buntstifte, Filzstifte, Gelstifte

Buntstifte, Filzstifte, Gelstifte

Buntstifte, Filzstifte, Gelstifte

Los geht's

Jetzt wird es Zeit, selbst kreativ zu werden. Nehmen Sie Buntstifte, Gelstifte oder Filzstifte zur Hand, was immer Ihnen passend erscheint, und legen Sie los! Dank der seitlichen Perforierung der Blätter können Sie Ihre Werke leicht heraustrennen und sich selbst oder einen lieben Menschen damit beschenken.

Viel Spaß beim Malen!

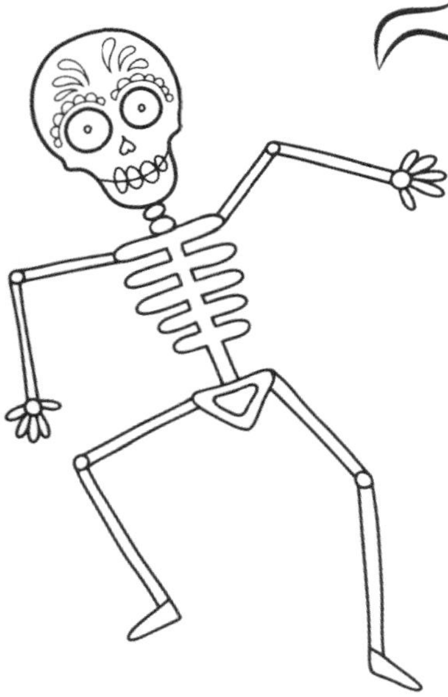

Liebe dein Leben. Jede einzelne Minute davon.

Jack Kerouac

Man lebt nur einmal –
doch wenn man das richtig tut,
ist einmal genug.

Mae West

Träume, als würdest du ewig leben.
Lebe, als würdest du heute sterben.

James Dean

Du wurdest geboren als Kind des Lichts
mit all seinen wunderbaren Geheimnissen –
und du wirst wieder zu dieser Schönheit zurückkehren,
die seit jeher in dir schlummert.

Aberjhani

Was die Raupe das Ende der Welt nennt,
nennt der Rest der Welt einen Schmetterling.

Laotse

Das Wichtigste ist, dein Leben zu genießen –
glücklich zu sein – das ist alles, was zählt.

Audrey Hepburn

Wo Liebe ist, da ist Leben.

Mahatma Gandhi

Das Leben ist wie eine riesige Leinwand,
auf der du alle dir zur Verfügung stehenden Farben
vergießen solltest.

Danny Kaye

Ich bin bereit, meinem Schöpfer gegenüberzutreten.
Ob mein Schöpfer ebenso bereit ist, diese Begegnung
über sich ergehen zu lassen, ist eine andere Sache.

Winston Churchill

Vergangenheit ist passé, Darling.
Sie lenkt von der Gegenwart ab.

Edna Mode, Die Unglaublichen – The Incredibles

Es ist nicht gut, wenn wir nur unseren Träumen nachhängen und vergessen zu leben.

Dumbledore, Harry Potter und der Stein der Weisen

Der Sinn des Lebens liegt darin, es auszukosten, so viele Erfahrungen zu machen wie möglich und begierig und ohne Angst nach immer neuen zu streben.

Eleanor Roosevelt

Zähle nicht die Tage; sorge dafür, dass die Tage zählen.

Muhammad Ali

Im ewigen Kreis dreht sich unser Leben.
Dem Gesetz der Natur sind wir geweiht.
Wir sind alle Teil dieses Universums
und das Leben ein ewiger Kreis.

Elton John, „Der ewige Kreis" aus „König der Löwen"

Jeder neue Tag ist wie ein kunstvoll dekoriertes Geschenk.
Du musst es nur auspacken.

Ruth Ann Schabacker

Die besten und schönsten Dinge auf der Welt kann
man weder sehen noch berühren.
Man muss sie mit dem Herzen fühlen.

Helen Keller

Jeder neue Tag bietet dir die Gelegenheit,
tief Luft zu holen,
deine Schuhe in die Ecke zu werfen
und zu tanzen.

Oprah Winfrey

Es ist besser, an Leidenschaft zu krepieren
als an Langeweile.

Vincent van Gogh

Es sind nicht die Momente,
in denen wir atmen, sondern die,
die uns den Atem rauben,
die das Leben lebenswert machen.

Maya Angelou

Fange jetzt an, mit allem, was du tun willst.
Wir leben nicht ewig. Wir haben nur diesen Moment,
der wie ein Stern in unserer Hand glitzert –
um dann wie eine Schneeflocke zu zerfließen.

Sir Francis Bacon

Man kann das Leben nur rückblickend verstehen,
aber man muss es nach vorn blickend leben.

Søren Kierkegaard

Tu, was immer du willst, aber lass Freude daraus erwachsen.

Walt Whitman

Öffne die Fenster ganz weit, denn ich möchte
den Tag trinken.

Edith Wharton

Dass es nie wiederkehrt, macht das Leben so süß.

Emily Dickinson

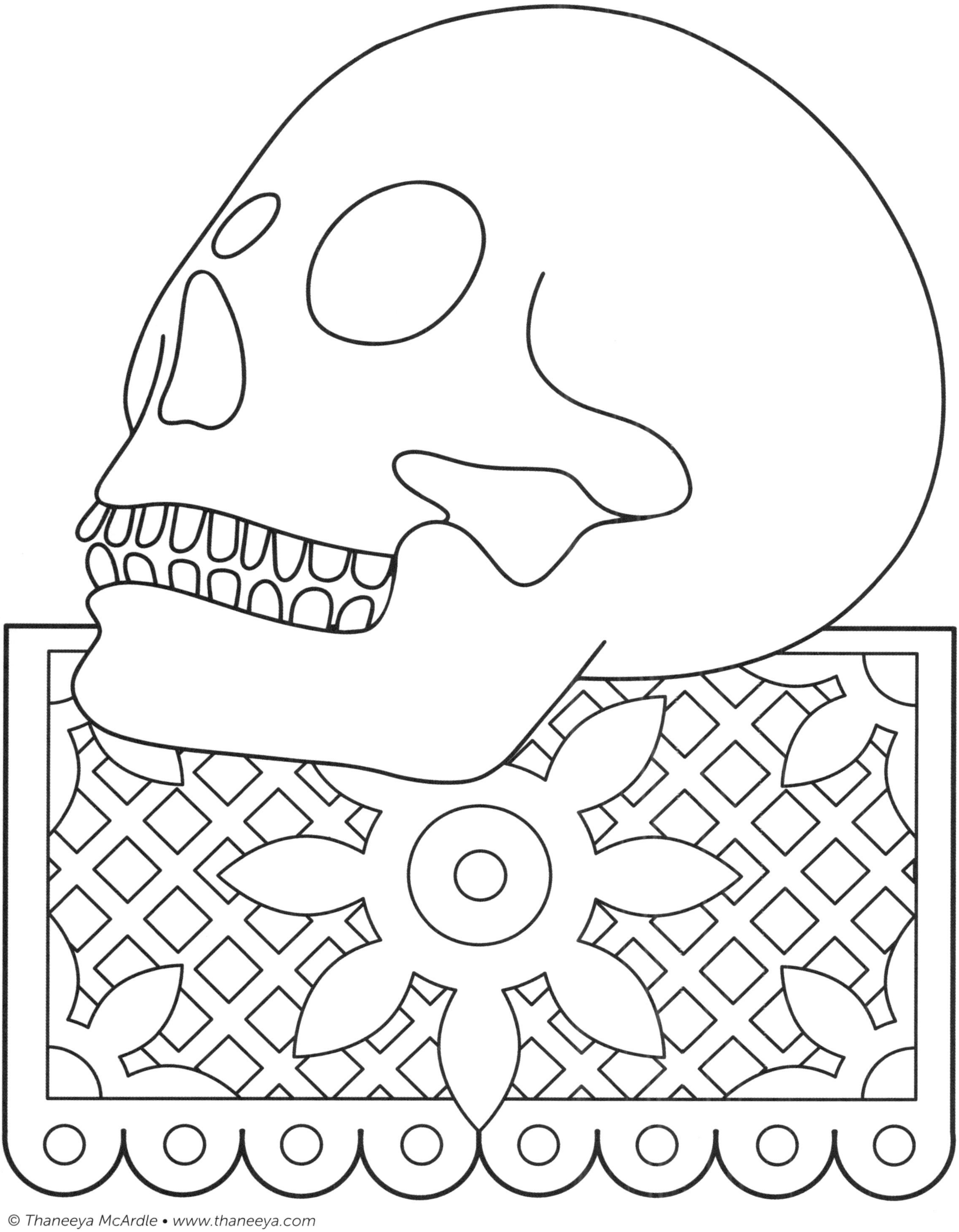

Denn Leben und Tod sind eins,
so wie Fluss und Meer eins sind.

Khalil Gibran

Ein Leben, in dem viele Fehler gemacht wurden, ist nicht nur ehrenhafter, es ist auch sinnvoller als ein Leben, in dem gar nichts getan wurde.

George Bernard Shaw

Das Leben ist entweder ein großes Abenteuer
oder gar nichts.

Helen Keller

Wenn man das Familienskelett nicht loswerden kann,
muss man es tanzen lassen.

George Bernard Shaw

Nichts ist mehr wert als der heutige Tag.

Johann Wolfgang von Goethe

R.I.P.

Du siehst die leuchtende Sternschnuppe nur,
wenn sie vergeht.

Friedrich Hebbel

Alles ist vergänglich, auch die Vergänglichkeit.

Unbekannt

Die englischsprachige Originalausgabe ist 2014 unter dem Titel *Day of the Dead. Coloring Book* bei New Design Originals, www.d-originals.com, einem Imprint von Fox Chapel Publishing Company Inc., 1970 Broad Street, East Petersburg, PA 17520, erschienen. Die Zeichnung auf Seite 79 ist dem Band *Nature Mandalas. Coloring Book* entnommen, der 2014 ebenfalls bei New Design Originals erschienen ist.

MIX
Papier aus verantwortungsvollen Quellen
FSC www.fsc.org FSC® C084279

Übersetzung: Angela Letmathe, Süssau
Umschlaggestaltung: Veronika Preisler, München, unter Verwendung des Originaldesigns von © Thaneeya McArdle, www.art-is-fun.com
Satz: Kerstin Duben, München
Druck und Bindung: Print Consult GmbH, München

ISBN 978-3-95550-150-1
www.trinity-kreativ.de